Peter Hahne

Auf den Wegen des Lebens geborgen

JOHANNIS LAHR

Bildnachweis: Umschlagbild: V. E. Janicke
S. 4/5: Teufelhart/IFA-Bilderteam; S. 6: K. Radtke; S. 7: TH-Foto-Werbung; S. 9 (links): W. Konrad; S. 9 (rechts): u. S. 10: M. Ruckszio; S. 11: J. Breuer; S. 12/13: K. Radtke; S. 14: P. Santor; S. 15: H. Mülnikel; S. 17 (links): R. Haak; S. 17 (rechts): W. Rauch; S. 18: W. Söllner; S. 19: H. Herfort; S. 20/21: Fotoverlag Huber; S. 22: M. Zweigle; S. 23: TIPHO-Bildarchiv; S. 25 (links): W. Konrad; S. 25 (rechts): W. Hilpert; S. 26: P. Santor; S. 27: M. Mehlig; S. 28/29: P. Santor; S. 30: P. Santor; S. 31: Will/Schneider.

Die Deutsche Bibliothek – CIP-Einheitsaufnahme

Auf den Wegen des Lebens geborgen */ Hahne, Peter. – 8. Aufl. – (61.–68. Tsd.). –*
Lahr : Johannis, 1996
(Auf den Wegen des Lebens ; 5903)
ISBN 3-501-05903-5
NE: GT

ISBN 3-501-05903-5
ISBN 3-501-05906-X (bibliophile Ausgabe)

Auf den Wegen des Lebens 05903
8. Auflage 1996 · 61.–68. Tausend

Gesamtherstellung:
St.-Johannis-Druckerei, 77922 Lahr
Printed in Germany 12791/1996

Tiefe und echte Geborgenheit – das ist die Ursehnsucht des Menschen. Nicht mehr einsam sein. Heimat haben. Verstanden werden.
Viele fürchten sich vor dem Altwerden, weil dann die Einsamkeit ihr ständiger Gast ist.
Allein geht man ein. Das Leben blüht und wächst nicht mehr. Es gibt jedoch einen Weg, aus der Ungeborgenheit herauszukommen. Die Gemeinschaft mit Gott ist das Ende der Einsamkeit.
Wieder vertrauen können. Für andere offen sein. Ein Zuhause haben. Nur, wer einmal im Sterben getröstet ist, der ist auch »auf den Wegen des Lebens geborgen«.
Diese Gewißheit wünscht Ihnen

Ihr

Von guten Mächten
wunderbar geborgen,
erwarten wir getrost,
was kommen mag.
Gott ist mit uns am
Abend und am Morgen
und ganz gewiß
an jedem neuen Tag.

Dietrich Bonhoeffer

Geborgen bei Gott
macht stark in der Welt.
Ohne ewige Heimat
keine irdische Gelassenheit.

Das letzte Wort über diese Welt haben nicht Menschen und Mächte. Gott wird es sprechen.
Darauf können wir vertrauen.
Wir können uns darauf verlassen, daß er uns nicht verläßt.
Diese Hoffnung ist Motor und Impuls, mit dem langen Atem der Zuversicht an der Arbeit zu bleiben.

Angst im Alltag -
Sorgen, Enttäuschungen, Leid.
Ich brauche felsenfesten Boden.
Wurzeln und Halt.
Nur so kann ich Wagnisse eingehen.
Gott schenkt diesen Standpunkt.
Je tiefer ich in ihm verwurzelt bin,
desto fester der Halt,
desto größer die Lebensenergie.

Wo liegt mein Lebenssinn?
Wer bin ich? Wo komme ich her? Wo gehe ich hin?
Ich bin Gottes Geschöpf, sein Ebenbild.
Mein Leben ist nicht umsonst. Ich bin ein Original.

Mein Leben ist es wert, gelebt zu werden.
Ich stehe bei Gott hoch im Kurs.
Das gibt Kraft zu mutigen Schritten in die Zukunft.

In seiner Hand bin ich geborgen.
Für wen Gott sorgt, der hat ausgesorgt.
Ich kann nie tiefer fallen als in Gottes Hand!

Hoffnung am Horizont.
Das setzt Kräfte frei.
Das schenkt Lebensfreude.
Das macht den Alltag hell.

Christen leben nicht ins Blaue hinein.
Sie haben ein ewiges Zuhause. Echte Geborgenheit.
Gemeinschaft mit Gott statt Einsamkeit mit sich selbst.

Einblick in Gottes Willen gibt Ausblick auf meinen Weg.
Gewisse Hoffnung schenkt Weitblick.

Gottes Wege erkennt man oft erst dadurch als richtig,
indem man anfängt, sie zu gehen.

Gott ist jedem von uns nahe;
denn in ihm leben, gehen
und stehen wir.

Apostelgesch. 17, 27–28

Von allen Seiten umgibst du mich
und hältst deine Hand über mir.

Psalm 139, 5

*Wer sein Herz an Vergängliches hängt, bleibt irgendwann enttäuscht zurück.
Nur Ewiges kann letzte Geborgenheit geben.*

*Christen sind nicht eingerichtet in dieser endlichen Welt, sondern ausgerichtet auf Gottes ewiges Ziel.
Wer bei Gott zu Hause ist, der erwartet nichts von der Welt, aber alles von Gott.
Wer den Himmel zum Ziel hat, dem ist die Erde niemals gleichgültig.
Gottes ewige Weite schenkt Geborgenheit im zeitlichen Heute.*

Die Angst vor dem Sterben macht ungeborgen im Leben.
Glückselig ist der, dem die letzte Einsamkeit durch Jesus genommen ist.
Der auch in der einsamsten Stunde, im Sterben, noch Jesus an seiner Seite hat.
Von allem müssen wir Abschied nehmen, nur nicht von Jesus.
Die Gemeinschaft mit ihm ist endgültig.
Sie hält in Zeit und Ewigkeit, im Leben und im Sterben.
Hier liegt der Grund echter Geborgenheit.

*Jeder Tag ist in Gottes Herzen bewahrt.
Meine Zeit steht in seiner Hand.*

*Gott packt uns nicht in Watte,
aber er erhält uns im festen Glauben.
Er hält bei uns aus. Wir sind nicht allein.*

*Gott ist größer als unser größtes Problem.
Er ist ein Mutmacher zum Leben.*

*Ich darf mich in die Liebe Gottes hineinfallen lassen wie
in die Arme eines lieben Menschen.
Hier finde ich Geborgenheit statt Verlassenheit,
Gemeinschaft mit Gott statt Einsamkeit mit mir selbst.*

Angst ohne Ausweg?
Umwege, Irrwege, Holzwege –
Dunkelheit ohne Ende?
Wo kann ich wieder aufatmen?!

Ich glaube fest daran, daß es in meiner dunklen Welt wieder hell werden kann.
Gott ist mit mir niemals am Ende.
Gott schenkt neuen Ausblick. Er befreit aus dem Gefängnis finsterer Gedanken. Er führt mich aus dem Dunkel ins Licht. Aus der Einsamkeit in die Geborgenheit.

Jesus Christus schenkt die Gewißheit:
Durch den Sturm der Zeit
kommt unser Lebensschiff
sicher im Hafen der Ewigkeit an.

Wenn ich auch gleich nichts fühle von deiner Macht,
du führst mich doch zum Ziele, auch durch die Nacht.
So nimm denn meine Hände und führe mich
bis an mein selig Ende und ewiglich.

Julie Hausmann

Gott läßt uns aufblühen.
Sein Licht weckt Leben.
Seine Liebe schafft Geborgenheit.
Keiner braucht allein zu sein.

Einsam bleibt der, auf den keiner mehr wartet.
Verloren sind wir, wenn niemand uns sucht.
Gott geht unsere Einsamkeit zu Herzen.
Er schickt Christus, seinen Sohn, um nach uns zu fragen.
So bricht Gott das Gefängnis unserer Ichbezogenheit auf.
Keiner braucht an seiner Schuld und Sorge zu verzweifeln.

Der weite Horizont der Ewigkeit gibt Geborgenheit selbst in der Enge unserer Zeit. Ich habe ein Zuhause, wo ich aufatmen und ausruhen kann. Gott stellt unsere Füße auf weiten Raum. Wir dürfen die Enge unserer Einsamkeit mit der Weite seiner Ewigkeit tauschen.
Die Begegnung mit Gott befreit aus dem Kerker von Angst und Verlorenheit. Wo ich Christus begegne, da hat die Einsamkeit keine Chance mehr.
Da kommt Licht in die Dunkelheit.
Da bin ich gebraucht, geliebt, geachtet, angenommen.

Geborgenheit und Gelassenheit – zwei Seiten einer Münze. Mitten in Hektik und Angst schafft Gott Frieden.

Weil Jesus Christus der Friede ist, läßt er unruhige Herzen zur Ruhe kommen. Keine Friedhofsruhe, sondern letzte Geborgenheit. Keine Beruhigung, sondern Bewahrung in Gottes Hand.

Wenn wir alles Gott übergeben, können wir in Frieden leben. Das macht gelassen und froh.

Geborgenheit heißt: Ich lebe mitten in den Sorgen des Alltags in der Fürsorge Gottes.

Grenzenlos geborgen
macht frei von Furcht.
Hoffen können
macht geduldig und gelassen.

Wer geborgen ist, muß nicht verborgen leben. Er kann frei atmen. Anderen offen begegnen.
Aus Weltangst kann Lebensfreude werden, aus Heidenangst Christusfreude.
Nur wer gehalten ist, der kann durchhalten. Der kann mit dem Atem der Hoffnung aus der Kraftquelle Gottes leben.

Du bist gehalten
von Gottes Hand.
Sein Wort ist Felsen,
nicht trügender Sand.
Glaub ihm entgegen,
er wartet darauf.
Du bist gehalten!
Gott gibt dich nicht auf.

Gott läßt uns durchatmen.
Stille gibt Geborgenheit.
Einkehr schenkt Kraft.
Gott gönnt uns Pausen.

Der Mensch hat Angst, eine Pause zu machen.
Die Zeit wird verbraucht, damit sie nicht quält.
Der rastlose Mensch ist auf der Flucht vor sich selbst.
Heimatlos ist er in Trab, das Leben nicht zu verpassen.
Wer Gott vertraut, hat ewiges Leben, Heimat, Geborgenheit
und einen langen Atem.

Erst ein fester Standpunkt
gibt echte Geborgenheit.
Die Gewißheit der Ewigkeit
bringt Sicherheit in der Lebenszeit.

Das ist keine Weltflucht.
Wer aus der Ruhe der Ewigkeit lebt,
der ist tüchtig für den Alltag.

Wer sich seiner Zukunft gewiß ist,
der kann im Heute bestehen.
Der bleibt geborgen
auf den Wegen des Lebens.

Liebe Leser, in dieser Reihe sind insgesamt drei Bändchen erschienen:

Auf den Wegen des Lebens getröstet. Nr. 05 901 (Nr. 05904; bibliophiler Einband)
Auf den Wegen des Lebens gesegnet. Nr. 05 902 (Nr. 05905; bibliophiler Einband)
Auf den Wegen des Lebens geborgen. Nr. 05 903 (Nr. 05906; bibliophiler Einband)

Wenn Sie weitere Bild-Text-Bändchen von Peter Hahne lesen und betrachten wollen, können wir Ihnen folgendes empfehlen:

Nachrichten, die Mut machen. Worte in unsere Zeit. 48 Seiten, geb. Nr. 05 006
Mit dem Atem der Hoffnung leben. Postkartenbuch. 15 Postkarten. Nr. 06 057
Dank für heute und morgen. 16 Seiten. Nr. 11 501
Stille für heute und morgen. 16 Seiten. Nr. 11 502
Hoffnung für heute und morgen. 16 Seiten. Nr. 11 503
Freude für heute und morgen. 16 Seiten. Nr. 11 504
Friede für heute und morgen. 16 Seiten. Nr. 11 505
Mut für heute und morgen. 16 Seiten. Nr. 11 506
Ein Geburtstagsbrief. 16 Seiten. Nr. 07 601
Ein Brief an den neuen Erdenbürger. 16 Seiten. Nr. 07 602
Ein Brief zur Hochzeit. 16 Seiten. Nr. 07 603
Ein Trostbrief. 16 Seiten. Nr. 07 604
Ein Brief zur Konfirmation. 16 Seiten. Nr. 07 605
Ein Brief mit guten Wünschen zur Genesung. 16 Seiten. Nr. 07 606
Ein Brief zum Weihnachtsfest. 16 Seiten. Nr. 07 607
Außerdem ist ein Jahrbuch mit einem Wort für jeden Tag von Peter Hahne lieferbar:
Mut für den Tag. 224 Seiten, geb., Nr 02 328; bibliophiler Einband, Nr. 02 318